JN440621

오늘의문학시인선 415

세월의 물줄기 따라

이근풍 시집

오늘의문학사

국립중앙도서관 출판예정도서목록(CIP)

세월의 물줄기 따라 : 이근풍 시조집 / 지은이: 이근풍.
대전 : 오늘의문학사, 2018
p. ; cm. -- (오늘의문학시인선 ; 415)

ISBN 978-89-5669-898-4 03810 : ₩9000

한국 현대 시조[韓國現代時調]

811.36-KDC6
895.715-DDC23 CIP2018006171

세월의 물줄기 따라

서시조(序時調)

가장 고운 꽃숭어리
시조의 꽃숭어리.

한 떨기 꽃을 위해
닫힌 마음 문을 연다.

시조가 읽히지 않아
가슴 아픈 이 시대.

고도의 산업화에
꽃불을 밝히리라.

마음 밭에 뿌린 씨앗
사뿐히 내려앉은

그대는 향기도 되고
꿈도 되는 미쁜 임.

— 전북 전주시 우거에서 이근풍

1부 세월의 물줄기 따라

2부 내 마음의 노래

3부 홀로 부르는 노래

4부 하늘을 보며

5부 잠시 발길 멈추고

1부
세월의 물줄기 따라

꽃

피어날 땐
만남의 기쁨
사랑노래
부르다가

질 때엔
가슴이 아파
애달픈
이별 노래

저렇게
홀로 부르며
눈물짓는
그대여.

이른 봄이면

산과 들이
손짓하네.
가슴으로
빛어내네.

사랑으로
키워내고
사랑 담은
꽃향기.

바구니
담아가려면
늦기 전에
오라고.

벚꽃

신혼의 단꿈 꾸는
봄날의 맞은 신부.

선망의 대상으로
눈길을 사로잡네.

끝까지
남기 바라며
기도하는 고운 손.

박

둥근달로 떠오르는
어머님 모습이네.

마음을 밝히는
등불이 되려하네.

끝까지 지켜가려는
순결한 소망이네.

꽃은

그대 오길 기다리며
서성이는 눈빛이다.

사람들의 정신과 마음을 맑게 해주고, 미래를 내다보는 지혜를 준다. 아름다운 마음으로 살아갈 수 있도록 향기 전하며 바른 길로 이끌어 주는 스승도 된다.

때로는 그대를 향한
눈물어린 휘파람.

* 사설시조

희망

가꾸며
북돋우면서
사랑 꽃을
피우네.

* 종장 시조
(3-5-4-3 종장의 음수율을 차용하여 지은 시조)

어머니의 사랑

어머니는 내 가슴에 꽃씨를 심으셨다.

어머니 이승 떠나신 지, 강산이 두 번 변한 아직까지도, 어머니가 전해주신 사랑의 온기가 가슴에 남아 있다. 어려울 때 어머니 생각하면 자신도 모르는 힘이 절로 솟는다. 생존해 계실 때에도, 이승 떠나신 후에도, 어머니의 사랑과 온기가 삶의 동력이다.

팔순을 넘어가면서 어머니가 더 그립다.

* 사설시조

삶

인생은
살아온 세월
돌아보는
미완성.

* 종장 시조
(3-5-4-3 종장의 음수율을 차용하여 지은 시조)

가을 잎새

가을바람 불어오면
한잎 두잎 지는 세월

푸른 꿈을 가꾸던
지난날의 고운 추억

버리고
돌아설 수 없어
가슴 아린 내 모습.

등산길에서

낙엽 쌓인 늦가을
발에 밟힌 아우성

바스락 울음 울면
온 길을 돌아본다.

상처 준
일은 없을까?
짓밟은 일 없을까?

갈대

바람에
흔들린다.

가을고개
못 넘고

소리 내어
울고 있네.

기다리며
돌아보며

손잡고
같이 넘던 친구

보이잖는
그림자.

첫 눈 내리는 날

그대의 맑은 영혼
눈꽃으로 피어나면

눈에 얽힌 이야기가
가슴을 들썩이네.

눈부신
눈꽃을 보며
아름다운 꿈을 꾸네.

세월의 물줄기 따라

이루지
못한 꿈,
생명의 해
짧아지고

뜨거웠던
가슴도
싸늘하게
식어가네.

세월의
물줄기 따라
흘러가는
뜀박질.

우체통

어느 때 찾아가도
맞아주는 우체통

누군가의 가슴
훈훈하게 적셔줄

따뜻한
사연이 담긴
체온 담긴 편지들.

산사의 종소리

두아앙 들려오는
산사의 종소리

혼탁해진 영혼을
말끔히 씻어주네.

가슴에
일은 파장이
번뇌까지 몰고 가네.

사랑의 생수

지는 꽃 보면서
눈물짓는 사람 있네.

한 송이 고운 꽃도
보는 사람 따로 있네.

사랑의
생수가 솟아
눈을 씻는 삼매경.

인생살이

바람 부는 방향 따라
흘러가는 구름 하나

인생살이 살다보니
다를 바 하나 없네.

가던 길
멈추고 보아도
출구조차 오리무중.

외로움의 그늘

이승의 직위 직함
떠나는 그날까지

내려놓지 못하고
살아가는 사람 있네

외로움
그늘 속에서
벗어나지 못하네.

저승길 가는 길도

이승길 오는 길도
저승길 가는 길도

조물주의 뜻이라서
오고갈 수 없는 길

행복도
고난의 길도
자기 혼자 가는 길.

노장의 뒷모습

아직도 할 수 있는
뜨거운 열정 남아

자신의 소임 다하고
떠나는 노장 모습

그래도
용기 잃지 않고
다짐하는 새 출발.

2부
내 마음의 노래

법정 스님께

천리(天理)
순리(順利)
법리(法理)
일깨우시고
이슬처럼
사신 스님

혼탁해진
영혼을
씻어달라는
서원(誓願)들.

스님의
이승살이에
집착하는
중생들.

행복의 초석

행복의 길로 가는
작은 배려
작은 나눔

세월의 흐름 속에
초석임을 몰랐네.

되돌아
더 큰 행복으로
거듭나는 이 기쁨.

돌아보며 가세나

가도 가도 저 끝이
보이지 않는 인생길

무엇이 그리 바빠
가쁜 숨 몰아쉬며

앞으로 그리 서둘러
앞으로만 가는가.

인생길 가는 동안
여유롭게 가야할 길

쉬었다 가더라도
늦지 않은 우리의 길

가던 길 잠시 멈추고
돌아보며 가세나.

꽃은

세상을 찾고 찾아
나그네 길 밝히네.

사람들의 눈도 귀도
마음까지도 밝히네.

밝은 눈
맑은 마음으로
살아갈 수 있도록.

들꽃

고향 가는 길가에
피어난 들꽃이네.

가슴에 간직해온
따뜻한 인정이네.

맑은 눈
선한 마음으로
마중 나온 들꽃 향기.

봄날의 향기

겨울의 모진 추위
굳굳하게 이겨내고

파릇파릇 자라는
풋풋한 봄향기

바구니
가득 담아온
사랑으로 모은 냉이.

봄 편지

고향 떠난 타향살이
향수에 젖어 있네.

고향의 진달래가
봄 편지를 띄우네.

봄날의
보랏빛 향기
가슴 가득 채우네.

백목련

연가도
들리지 않는
다가서는
이 없는.

* 종장 시조
(3-5-4-3 종장의 음수율을 차용하여 지은 시조)

백일홍

백일 기도로
꽃 피워
가슴에 옮겨 심어도

외로운
영혼 위해
손 모은 사랑의 기도.

날마다
찾아간 자리는
어머니의 무덤가.

가을 들녘

풍요와
공허가
공존하는
이 자리.

시간이
흐르고
가슴 가득
채운 풍요.

공허가
만들어내는
풍요까지
소멸되네.

아직도 고향에서는

사방에서 불어오는
싸늘한 바람에

가슴까지 덮히는
아직도 고향 사랑

대대로
이어온 인정
끝까지 정 지키는.

따뜻한 정

사람 사는
어디를 가나
크고 작은 정
담아주는데

가슴 밖에
머물어도
이웃들이
담아준

고향은
따뜻한 정이다.
식지 않고
힘이 되네.

보이지 않는 선

사람과 사람 사이
좁히려 노력해도

좁혀지지 않는 것
경계선이 남아있다.

서로가
지켜야 할 선
무너지면 안 된다.

하루에 한 번씩

그대와
눈을 맞추면
꽃이 된다.
한 떨기.

* 종장 시조
(3-5-4-3 종장의 음수율을 차용하여 지은 시조)

고향길

걷고 걷고
또 걸어도
걷고 싶은
고향 길.

어느 때
찾아가도
웃음으로
반겨주는

정다운
친구들이 있다.
보고싶은
얼굴들.

사랑 찾아

사랑으로 화상 입은
큰 상처 받은 사람

사랑하지 않겠다고
다짐하고 맹세해도

또 다시 사랑을 찾아
가던 길을 나서네.

사랑의 길

한때의 부귀영화
오래 가지 못해도

그대 전한 숭고한 사랑
따뜻하게 남아 있네.

세태가
변하고 썩어도
참된 사랑 꽃 피네.

이승 떠나기 전

지난날을 돌아보며
마무리를 하려하네

이승을 떠나기 전
진 빚을 갚으려네.

버려야
할 것은 무엇이며
남길 것은 무엇인가.

내 마음의 노래

인생길 끝자락에서
가까워지는 노래 하나.

앞으로 남은 생애
보람되게 살려하네.

그대도
붙잡아주시게
내 노력이 열매 맺게.

잘못 찍힌 삶의 흔적

나이가 들어가면서
자신을 돌아보네.

후회하던 일을 찾아
거울에 비추어보네.

이제는
잘못 찍힌 흔적
지워가며 살려네.

3부

홀로 부르는 노래

꽃은

어둠을 밝히는
아름다운 등불이다.

따뜻하게 감싸주는
다정한 손길이다.

세속의
고뇌 잊게 하는
환희로운 눈물이다.

가을 들녘에 서서

오곡백과 익어가는
가을의 들녘에서

비어있는 마음 찾아
가득 가득 채운다.

모자란
사랑도 찾아
행복하게 채운다.

가을 고개

이별노래 부르며
고개를 넘어가네.

그 노래를 들으며
향수에 눈물짓네.

바람은
신명이 난 듯
질주하며 돌아보네.

갈대의 노래

가을의 분수령에서
갈대가 부르는 노래

애절한 이별 노래
안타까운 눈물 노래

떠날 때
언제인지 몰라
이 가슴이 무너지네.

어떤 일을 하든지

지상에 쌓은 알곡
천상으로 옮기려네.

면면이 이어오던 조상님의 선비 정신이 깡그리 무너지고, 어쩌다 세상이 이 지경에 이르렀는지, 어디에서 어떤 일을 하든지 자신의 소임 다한 후에 잘못이 있다면 솔직히 고백하는, 용기 있는 사람이 되려네. 당당이 살아가는 사람인데도, 사회의 귀감이 되어야 할 고위직의 사람일수록 자신의 잘못을 인정치 않고 변명으로 일관한 비열하고 뻔뻔스런 모습, 보일 때면 할 말을 잊네. 눈을 피해 마음까지 씻어 내려네.

어둠이 넘치는 시대
우리 모두 세심하세.

* 사설시조

화(禍)

자신을 잊고 살아
다스리지 못한 사람

가슴과 마음을
새까맣게 태우는 동안

파멸의
길로 빠져드는
막지 못할 불씨들.

행복으로 가는 길

누구나 가고자 하는
자기만의 인생길.

다른 사람 가는 길을
따라 가지 말 일이다.

자신이
가야만 할 길
쉬지 않고 가는 길.

고독의 자리

고독은
고독을 낳고
행복은
행복을 낳는다.

가슴 가득
행복하려면
고독도
알아야 한다.

고독을
이기고 나면
행복으로
채워진다.

첫눈

오늘처럼 첫눈이
바람에 날리면

잠시 잊고 살았던
누군가가 그립다.

쌓여 온
삶의 온갖 고뇌
털어버리고 싶은 날.

꿈 한 자락

연보라빛 색으로
피어나던 그리움

해 갈수록 그 농도
한량 없이 짙어가네.

한 자락
꿈을 붙잡고
아직까지 못 놓네.

이승 떠난 누이에게

고관절 수술 이후
활짝 웃던 누이야.

퇴원 날짜 기다리다
찾아온 뇌경색에

어쩌나 입원 10일 만에
이승 떠난 누이야.

애달프다 어이하랴
따라갈 수 없는 나라

오빠가 미안하다
참으로 미안하다

부모님 떠난 날보다
가슴 아픔 더하네.

고갯마루

가도 가도
끝이 없던

고갯마루 눈앞이네.

어느 날
갑자기

그 끝이 가까워지네.

힘차게
넘지 못하고

깜짝 놀라 돌아 서네.

아내는

내 가슴에 피어있는
아름다운 사랑 꽃

삶의 갈증 풀어주는
사랑의 옹달샘

무지개
저렇게 고운
오직 하나 남은 별.

홀로 부르는 노래

누구나 별이 있다.
누구나 노래가 있다.

이 세상 그 누구도
자기 인생 담고 있다.

그대가
불러 준다면
막힌 가슴 풀어지는.

나이

출구가
보이지 않는
깊은 동굴
벽처럼.

* 종장 시조
(3-5-4-3 종장의 음수율을 차용하여 지은 시조)

연서(戀書)

세월이
지나가면서
상처뿐인
사랑아.

* 종장 시조
(3-5-4-3 종장의 음수율을 차용하여 지은 시조)

삶의 그늘

아들 딸 뒷바라지
가족의 생계 위해
궂은 일 마다않고
일해 왔던 친구야
한평생 삶의 그늘을
벗어나지 못하던.

병마와 싸우면서
그 누구도 원망 않고
살려는 굳은 의지
불태우는 친구야.
한마음 손을 모아서
쾌유 빌던 우리들.

저승길

아무도 못 피하는
저승길 아니던가?

기왕 가야할 길이라면, 편히 가고 싶은 길, 누구나 한 번쯤 생각게 되는데도, 가야할 길 한 치 앞도 보이지 않는 길, 칠흑 같은 어둠길, 가는 길 물을 곳도, 가는 곳도 알 수 없는 길, 동행해 주는 이 아무도 없는 혼자 가야 하는 길, 두려움 줄이기 위해 거나하게 술 한 잔 마시고 싶어도 가는 길 주변에 잠시 쉬어 갈 주막 하나 없는, 아무도 가려하지 않는 길.

두려움 벗어 던지고
마음 편히 가는 길.

* 사설시조

방심한 사이

어떤 일 있다 해도
결단코 비껴 가리라.

경계심 늦춘 사이
어느 날 급습했네.

투병 끝
완치되었으나
빈틈없이 경계하리.

아내가 나에게

한평생 가족 위해
생활의 짐 지느라

무진무진 고생했으니
받은 은혜 갚겠다네.

열심히
책이나 읽고
좋은 시나 빚으라네.

4부

하늘을 보며

꽃을 보면서

봄의 향기 전하는
고운 꽃을 보면서도

세속에 찌든 마음
씻어내지 못하네.

스스로
깨달을 수 있기를
바라는데
기다리는데.

밤하늘의 별을 보면

친구가 그리운 날엔
밤하늘 별을 본다.

친구 눈빛 보는 것 같아
마음 또한 편해지네.

어려운
사람들을 도우며
보살처럼 살던 친구.

편지

보내는 이 즐겁고
받으면 기쁨 되네.

마음을 이어주는
사랑의 다리였네

편지는
봄날의 햇살
받으면서 싹트는.

간이역

잠시 잠간 머물다
떠나는 인생이다.

오랜 세월 흘러도
아직까지 남아있는

만남과
이별의 교차
삶의 자취 간이역.

그대 찾아와서

그리워
머물다 간다.
그림자로
남은 임.

* 종장 시조
(3-5-4-3 종장의 음수율을 차용하여 지은 시조)

백목련

우수가 배어있는
목련의 젖은 눈빛

순백의 눈부심에
슬픔이 묻어나네

이 꽃을
보고 있으면
가슴이 시려오네.

꽃도

질 때는
눈물짓지만
닦아 낼 줄
모른다.

* 종장 시조
(3-5-4-3 종장의 음수율을 차용하여 지은 시조)

이슬비

사랑 잃은 女人이
흘리는 눈물이네.

사랑이 떠난 자리
이슬비로 내리네.

꽃망울
터지는 아픔
새롭게 피어나네.

같이 걸으며

인생살이 하는 동안
수많은 길 가운데

삶의 지혜 일깨우는
좋은 길은 친구다.

손잡고
같이 걸으며
올곧은 길 찾는다.

가을 들녘 보고 있으면

가을에 찾아가는
고향길 청명한 길

잠시 발길 멈추고
고향 들녘 보고 있네.

풍요가
각박했던 추억
여유롭게 걷는다.

가을 은행잎

가을의 끝자락에
황금빛 날개 옷

모두 함께 길을 떠나네
바람이 인도하네.

더 높이
더 멀리 날고픈
노란 꿈을 날리네.

밤새 내린 눈

소곤소곤 속삭이는
정다운 이야기

세속에 찌든 때도
말끔히 씻어가며

새로운
마음이 모여
함께 밤을 지새네.

홀로서기

뿔뿔이
헤어져 산다.
홀로 가야
하는 길.

* 종장 시조
(3-5-4-3 종장의 음수율을 차용하여 지은 시조)

홀로 가다가

인생길 외로운 길
너나 없이 홀로 가다

길을 잃고 방황할 때
길동무가 되어주네.

몇이나
손을 잡아줄까?
돌아보는 80대.

실낙원(失樂園)

여기는
실낙원이다.
별을 보며
꿈꾼다.

* 종장 시조
(3-5-4-3 종장의 음수율을 차용하여 지은 시조)

시려오는 어깨

한평생 짓눌렸던
어깨를 해방한다.

그 짐도 내려 놓고
마음 빚도 벗어놓고

아직도
남아 있는지
티끌까지 살펴라.

주인 눈치 살피며

팔리는 소가 운다.
우사를 떠나가며

자신이 팔리는 걸
용케도 알아챘다.

억지로
끌려나온 소
소도 주인도 눈물빛.

아내의 꽃밭

아내가 마당가에
화단 몇 평 만들고

봄마다 꽃을 심어
벌 나비를 부른다.

소망의
꽃밭 속에서
웃음 여는 가족들.

경제가 발전할수록

사회의 산업화
고독한 영혼 세상

사람들의 가슴은
세월 따라 식어가고

경제가
발전할수록
너와 나는 멀어지고.

하늘을 보며

하루 세 번 하늘 본다.
아침에는 아침 해

점심에는 높은 해
저녁에는 붉은 노을

하루의
피로를 푼다.
아름다운 꿈을 꾼다.

5부
잠시 발길 멈추고

불일암에서

이승에 계실 때도
강원도 두메산골

물소리 바람소리
벗하여 사시더니

떠나신
그 자취를 따라
오늘 다시 오셨나요?

꿈

날마다 꿈을 꾼다.
새로운 꿈을 꾼다.

내일을 열어가게
바리바리 준비하고

세상은
일체유심조
잡은 만큼 어렵다.

보석

자신의 가슴속에
묻어놓은 보석 하나

못 잊어 찾아내려
이 곳 저 곳 떠돌다가

인생길
끝자락에서
가슴 열고 찾는다.

거울보기

자신이
낮설어진다.
거울보기
두렵다.

* 종장 시조
(3-5-4-3 종장의 음수율을 차용하여 지은 시조)

공간

아무도 누구에게도
채워줄 수 없는
공간이 있다

자신의 노력만으로
채워야 할
공간이 있다

오로지 사랑으로만
채워야 할
공간이 있다

동백

꽃빛이
타들어가도
끌 수 없는
저 불길.

* 종장 시조
(3-5-4-3 종장의 음수율을 차용하여 지은 시조)

찔레꽃

정든 고향 떠난 사람
해 갈수록 늘어난다.

고향 땅 지키면서
사랑 향기 꽃 피우면

그리워
고향 찾는 이
봄날처럼 만나리.

봄비

소리 없이 내리네
가슴을 깨우려네.

메마른 가슴 찾아
촉촉이 젖어들어

희망의
새싹이 돋아
파릇파릇 자라네.

숲길

날마다 숲길 걸어도
새로운 모습 보이네.

찾아간 사람 나눠주는
맑은 공기 생명의 숨결

고마움
모르고 찾아도
한결같은 사랑이네.

낙엽 한 잎

가을이 오기도 전
낙엽 한 잎 나비처럼

산들바람 등에 업혀
사뿐히 내려 앉다.

한 발짝
먼저간 까닭
궁금하다 외친다.

둥지 지키는 새

이제는
나래를 접고
둥지 하나
지키네.

* 종장 시조
(3-5-4-3 종장의 음수율을 차용하여 지은 시조)

수평선

그리움이 수평선에
둥근 해로 떠있다.

아침을 열어주고
손잡아 끌어주며

입맞춤
인사를 한다.
희망사항 수평선.

하나 되는 길

화합은
나눔이란다.
희망 사랑
행복도.

* 종장 시조
(3-5-4-3 종장의 음수율을 차용하여 지은 시조)

누구나 바라는

잘났다고 뽐내지도
못났다고 기죽지 말자.

양심의 등불 켜고
눈치 보지 않으면서

당당히
살아가는 길,
서로 돕는 인생길.

업보

그대가 겪는 고통
이승에서 겪는 슬픔

전생에 쌓아 놓은
업보들 때문이요.

저승길
떠나기 전에
이승 업보 씻어요.

모닥불

언 손발 녹여주고
민초들의 가슴까지

따뜻하게 해주는
사랑의 불꽃이다.

서로가
용기 북돋우는
활력 솟는 곳이다.

여백

행복의 그릇마다
한 번에 채우려 말고

두고두고 채우려면
여백을 두라하네.

누구나
소망하는 것
비움 속의 큰 행복.

행복의 문

사람들 오가면서
행복의 문 찾는다.

활짝 열려 있는데도
아는 이만 보인다.

환하게
열린 문이어도
안 보여서 못 든다.

밥상 앞에서

사랑하는 가족과
한 자리에 모여 앉아
정다운 대화 나누며
식사하는 시간들

즐겁고
오붓한 시간
행복 나눈 시간들.

자녀들 성장하여
보금자리 찾아갔네.
아내와 둘이 남아
오순도순 행복한데

어느 날
갑자기 찾아온
아내의 병, 눈물아!

인생길

아직도
갈 길은 먼데
노을빛에
해 지네.

* 종장 시조(3-5-4-3 종장의 음수율을 차용하여 지은 시조)

| 작품해설 |

겨레 시에 의탁한 담결한 서정

— 이근풍 시인의 1시조집 감상문

문학평론가 리 헌 석

(사) 문학사랑협의회 이사장

1. 이근풍 시인이 발간한 시조집

이근풍 시인이 시조집을 발간한다. 서정이 생동하는 시조 100편을 모아 18번째 시집을 발간한다. 우리 겨레 문학에서 가장 오랜 역사를 지닌 시조를 오늘에 되살리는 일은 참으로 고마운 일이다. 고려말에 시조가 발생한 것으로 치면 700여 년이나 되고, 신라의 향가에 연원을 두면 1천년이 넘는다. 이러한 시조를 창작하여 시조의 역사를 이어가는 일은 찬탄 받아 마땅한 일이다.

문학청년기의 이근풍 시인은 수필을 창작한 분이다. 현직 경찰관일 때 수필을 많이 발표하여 1계급 특진한 분이다. 그러다가 시 창작으로 선회한다. 이때부터 시인은 시 짓기에 전념하여 17권의 시집을 발간한 바 있다. 〈누구나 쉽게 읽고, 쉽게 이해하며, 쉽게 공감할 수 있는 시를 쓰고 싶다.〉는 시인의 작품은 옹달샘의 물처럼 맑고 시원하다.

시인은 시 창작에 임하면서 새로운 실험을 거듭한다. 쉬운 시를 쓰고, 늘 같은 이야기를 거듭하기 때문에 형식이나 표현에서 매너리즘을 극복하고자 한다.

첫 번째 시도는 겨레시로서의 '시조' 창작이다. 13권째 시집 『아침에 창을 열면』은 6부로 구성되어 있다. 이 중 1부는 시, 2부는 시조, 3부는 시, 4부는 시조, 5부는 시, 6부는 시조로 구성하여 변화를 꾀한다. 시집을 12권이나 발간하고, 시조로 선회한 작품만으로 발간하는 것이 마음에 걸렸는지, 시와 시조를 반반씩 조화롭게 편집한다. 시보다 시조가 잠언적이어서 좋았다는 평가를 받았지만, 시인은 시 창작에 매진한다.

두 번째 시도는 형식의 변화이다. 14번째 시집 『내 가슴의 꽃으로』에서는 신라 향가의 4구체, 8구체, 10구체 형식을 원용하여 창작하고 편집한다. 1부에는 4구체 형식의 작품을 수록하고, 2부에는 8구체, 3부에는 10구체 형식을 차용하여 현대시를 빚어 시집을 발간한다.

세 번째 시도는 시와 시조의 결합이다. 15번째 시집『가슴에 뜨는 별』에는 3장 6구로 이루어진 단시조(短時調)처럼 3연 6구를 기본으로 삼고 있다. 다만 시조의 전통적 음수율을 파괴하는 작품들로 편집한다. 특히 시조의 종장 3-5-4-3에서 3-5의 절대적 정형성에서 탈피하여 자신의 자유로운 내면을 작품에 담아낸다. 시조인 듯하지만, 시조가 아니고, 자유시인 듯하지만, 시조의 구별배행과 동질적인 작품들이다.

네 번째 시도는 80대 시인 자신과 70대 시인 누이동생의 합동시집 발간이다. 80대 오라버니 시인의 작품을 보고 배우면서 시를 빚은 여동생 이근희 시인은 뒤늦게 등단한 후, 오라버니와 합동 시집을 발간한다.

이와 같은 변화를 지켜보면서 이근풍 시인은 또 어떤 변신을 꾀할까, 궁금하던 터에 18번째 시집을 시조(時調)로만 구상하고 창작한 작품으로 시조집으로 편집한다. ①시조의 종장만으로 빚은 15자 내외의 작품, ②45자 내외의 단시조, ③구별배행과 장별배행의 연시조, ④중장을 길게 늘인 사설시조 등 다양한 시조를 빚는다. 이 시조집의 일부 작품을 감상하기로 한다.

2. 시조집의 작품을 읽다

1) 종장시조의 잠언적 경지

100편의 시조 중에 종장 3-5-4-3 음수율을 지킨 '종장시조'는 15편이다. 산수(傘壽, 80세)를 넘기면서 많은 이야기를 담는 것보다 핵심만 간략하게 담아내는 것이 더 효과적이라고 본 듯하다. 이러한 시 형태를 '잠언시'라고 하는데, 주로 명상적이고 자기 성찰적인 어조를 띠어서 독자들과 공감대를 형성한다. 때로는 자신의 지향이나 가치 있는 내용을 가르치거나 실천을 권장하는 시 형태를 띤다. 이근풍 시인의 '종장시'는 바로 '잠언시'의 경지를 지향한다.

> 아직도
> 갈 길은 먼데
> 노을빛에
> 해 지네.
>
> —「인생길」 전문

80대의 시인이 바라본 삶의 도정(道程)이다. 하고 싶은 일도 많고, 아직도 해내야 할 일들이 쌓여 있는데, 시인의 인생 여정에 노을빛이 붉게 타고 있다. 이러한 상황은 시인을 절망하게 한다. 노구(老軀)를 지탱하는 것도 힘이 드는데, 암까지 파고든다. 그리하여 시인은 '나이'를 실감하며 〈출구가/ 보이지 않는/ 깊은 동굴/ 벽처럼.〉(「나이」

전문) 세상을 인식한다. 동시에 〈인생은/ 살아온 세월/ 돌아보는/ 미완성.(「삶」 전문)이라는 원초적 명제에 이른다.

이러한 인식은 시인으로 하여금, 꽃꽃한 시심으로 절망적 상황을 극복하게 한다. 가족과 지인들에게 '하나 되는 길'을 제시한다. 〈화합은/ 나눔이란다./ 희망 사랑/ 행복도.(「하나 되는 길」 전문)에서, 희망과 사랑, 그리고 행복을 서로 나누면 화합하게 된다고 역설한다. 특히 어떠한 상황에서도 절망하지 말 것을 주문한다. 〈가꾸며/ 북돋우면서/ 사랑 꽃을/ 피우네.(「희망」 전문)라는 자각을 통하여, 서로 북돋우며 살 것을 권유한다. 이처럼 철학적 명제를 단형의 시조 양식에 담아낸다. 이와 함께 아련한 사랑의 정서도 담아내고 있다.

그리워
머물다 간다.
그림자로
남은 임.

—「그대 찾아와서」 전문

이근풍 시인이 그리워하는 대상은 열려 있다. 한량없는 사랑을 베풀어 주시고 떠나신 아버지와 어머니일 수도 있고, 젊은 시절에 사랑하다 헤어진 연인일 수도 있지만, 문학과 예술의 길을 함께 걷다가 작고한 분일 수도 있다. 최

근에 시인은 전북 전주시 '다가천' 시냇가를 함께 거닐며 대화를 나누던 봉곡 박준명 선생을 자주 그리워하였다. 시조를 빚으면서, 서예의 높은 경지를 함께 나눈 시간을 회고하면서 자주 고인을 추모하였다. 이 작품 속의 원관념으로 보아도 무리가 없어 보인다.

또한 '지는 꽃잎'에도 시인의 감각적 더듬이가 반응한다. 〈연가도/ 들리지 않는/ 다가서는/ 이 없는.〉(「백목련」 전문) 작품에서 순간에 활짝 피었다가 일시에 낙화하는 '목련'에 서운한 정서를 표출한다. 이는 다시 〈세월이/ 지나가면서/ 상처뿐인/ 사랑아.〉(「연서(戀書)」 전문)라고 사랑의 상처를 되새긴다. 〈질 때는/ 눈물짓지만/ 닦아 낼 줄/ 모른다.〉(「꽃도」 전문)는 상황에서 동병상련의 정서를 환기한다. 그러나 시인은 〈그대와/ 눈을 맞추면/ 꽃이 된다./ 한 떨기.〉(「하루에 한 번씩」 전문) 꽃과 하루에 한 번씩 눈을 맞추며 사랑을 나누고자 한다. 이러한 의식은 자신에게로 귀납하게 한다.

> 자신이
> 낯설어진다.
> 거울보기
> 두렵다.
>
> ―「거울보기」 전문

시인은 거울을 보며 세월의 흔적을 확인한다. 그래서

시인은 낯선 얼굴을 보여주는 거울 앞에 서기를 두려워한다. 동질적 정서를 내포하고 있는 작품이 있다. 〈이제는/ 나래를 접고/ 둥지 하나/ 지키네.〉(「둥지 지키는 새」 전문)라는 이 작품에서 시인은 자신과 자신의 동년배들에 대한 일반적 처지를 간략하게 비유한다.

그리하여 시인은 자신을 추슬러 〈뿔뿔이/ 헤어져 산다.〉 사람은 어차피 〈홀로 가야/ 하는 길.〉(「홀로서기」 전문〉임을 자각한다. 성심으로 찾아도 좌절의 늪에서 헤어나오기 어려울 터, 〈여기는/ 실낙원이다./ 별을 보며/ 꿈꾼다.〉(「실락원(失樂園)」 전문). 낙원을 잃은 시인이지만, 별을 보며 꿈을 꾸려는 소망을 가꾼다. 때로는 노익장의 사랑을 꽃에 비유하기도 하는데, 〈꽃빛이/ 타들어가도 / 끌 수 없는/ 저 불길.〉(「동백」 전문)에 자신을 의탁하기도 한다.

학문적 용어 정리도 확립되어 있지 않은 '종장 시조' 15편을 모두 감상한 것은 이근풍 시인이 추구하는 '새로움의 추구'에 박수를 보내는 소이연(所以然)이다.

2) 시조에서 찾은 시심

사람살이에서 80대는 만추(晩秋), 혹은 초겨울일 수 있겠지만, 자신의 내면을 돌아보는 시기일 터이다. 그런 연유인지 이근풍 시인의 시조집에는 '가을'을 제재(題材)로

한 작품이 대표적 경향이다. 가을에서 찾아지는 애상적 정서가 젊은 시기의 '결실'보다 우위를 점한다. 그러나 몇몇 작품에서 삶을 조감하는 철학적 명제를 공유하게 장치하고 있다. 「가을 잎새」에서 시인은 〈푸른 꿈을 가꾸던/ 지난날의 고운 추억〉을 되살리면서 〈버리고/ 돌아설 수 없어/ 가슴 아린 내 모습〉을 궁구(窮究)해낸다.

낙엽 쌓인 늦가을
발에 밟힌 아우성

바스락 울음 울면
온 길을 돌아본다.

상처 준
일은 없을까?
짓밟은 일 없을까?

—「등산길에서」 전문

늦가을에 시인은 산을 올랐던가 보다. 낙엽이 쌓여 걸음마다 바스락거리는 소리가 '아우성'으로 들린다. 이 소리가 울음소리로 들린다. 이 소리를 들은 시인은 자신의 지난날을 반추한다. 혹여 남에게 〈상처 준/ 일은 없을까?〉 자성하는 자세를 취한다. 혹여 나보다 힘이 약한 사람이나 사물을 〈짓밟은 일 없을까?〉 자성(自省)한다. 이러한 자세는 시인의 내면이 염결(廉潔)하기 때문이다. 맑고 순수한 내면을 바탕으로 자신을 돌아보기 때문이다.

시인의 본질적 성향은 원심력(遠心力)으로 정리할 수 있다. 열려진 공간으로 뛰쳐나가려는 마음, 새로운 것에 대한 동경, 그리하여 태양을 향하여 오르려는 이카루스가 된다. 그러나 세월이 지나면서 구심력(求心力)으로 선회하기도 한다. 물론 신체적 '늙음'을 극복하여 변함없이 원심력을 가꾸는 분들도 있지만, 우주를 자신에게로 집중하는 경향을 목격하게 된다. 이근풍 시인도 '고향' '가족' '나' 등으로 수렴되는 작품을 많이 빚고 있다.

아내가 마당가에
화단 몇 평 만들고

봄마다 꽃을 심어
벌 나비를 부른다.

소망의
꽃밭 속에서
웃음 여는 가족들.

—「아내의 꽃밭」 전문

이러한 경향은 부끄러울 것도 아니며, 동시에 자랑할 것도 아니다. 있는 사실에 대한 정서가 작품에 반영되어 있을 뿐이다. 청장년기에는 정서적 더듬이에 포착되지 않던 사물과 소재가 시의 중심에 자리하기도 한다. 이와 함께 삶의 가치를 투영하기도 한다.

그는 최근의 작품들에서 '아내'를 작품화하는 경향이다. 아마 병고에 시달리는 시인을 가장 잘 이해하고 간병하기 때문일 터이고, 그 고마움을 작품에 투영하기 때문일 터이다. 「아내는」에서 시인은 아내를 〈내 가슴에 피어 있는 / 아름다운 사랑꽃〉이라고 한다. 〈삶의 갈증 풀어주는/ 사랑의 옹달샘〉이라고 한다. 〈무지개/ 저렇게 고운/ 오직 하나 남은 별〉이라고 찬양한다. 자신에게 어떤 걱정도 하지 말고, 책이나 읽으면서 좋은 작품을 창작하라고 하는 아내에게 고마움을 표하기도 한다. 이럴 때의 아내는 자신을 사랑했던 '어머니'의 표상과도 일치한다.

> 어머니는 내 가슴에 꽃씨를 심으셨다.
>
> 어머니 이승 떠나신 지, 강산이 두 번 변한 아직까지도, 어머니가 전해주신 사랑의 온기가 가슴에 남아 있다. 어려울 때 어머니 생각하면 자신도 모르는 힘이 절로 솟는다. 생존해 계실 때에도, 이승 떠나신 후에도, 어머니의 사랑과 온기가 삶의 동력이다.
>
> 팔순을 넘어가면서 어머니가 더 그립다.
>
> —「어머니의 사랑」 전문

시인이 빚은 사설시조 중 어머니에 대해 쓴 작품이다. 이러한 정서는 누구나 공유할 수 있는 보편성을 띤다. 시인은 어머니 무덤가에 '백일홍'을 심었던가 보다. 작품 「백일홍」에서 〈백일 기도로/ 꽃 피워/ 가슴에 옮겨 심어도 // 외로운/ 영혼 위해/ 손 모은 사랑의 기도.〉를 찾아내어 어머니의 사랑을 구체화한다. 그리하여 시인은 〈날마다/ 찾아간 자리는/ 어머니의 무덤가〉였다고 고백한다.

이러한 정서는 누이에게로도 열린다. 「이승 떠난 누이에게」(2연시조)에서 미안하고 안타까운 정서를 환기한다. 〈고관절 수술 이후/ 활짝 웃던 누이야.// 퇴원날짜 기다리다/ 찾아온 뇌경색에// 어쩌나 입원 10일 만에/ 이승 떠난 누이야.〉 첫 수에서 상세한 과정을 서술한 후, 둘째 수에 자신의 내면을 담아낸다. 〈애달프다 어이하랴/ 따라갈 수 없는 나라// 오빠가 미안하다/ 참으로 미안하다// 부모님 떠난 날보다/ 가슴 아픔 더하네.〉 등으로 미안하고 슬픈 정서를 환기한다.

이렇듯이 이근풍 시인은 우리 겨레의 전통을 가장 오랜 기간 지켜온 시조 창작에 열성을 보인다. 노구(老軀)에 암이 침범하여 생사의 기로에 있으면서도 작품 창작의 삽질을 쉬지 않는다. 이런 연유로 이근풍 시인의 작품 창작에 찬탄의 박수를 보내는 것이다.

3. 인연의 소중함을 밝히다

1) 눈물겨운 만남의 여로

이근풍 시인과의 만남은 우연(偶然)과 필연(必然)의 특별한 접점에서 시작되었지만, 30년의 세월이 지나도록 변치 않는 순정의 금자탑이기도 하다. 그러니까, 20년 전으로 거슬러 올라간다. 1986년 1월에 개최한 '오늘의 문학'(현재의 '문학사랑') 겨울 심포지엄에서 이근풍 시인과 처음 상면하였다. 전년도 봄부터 서신을 주고받던 사이였지만, 정작 만난 것은 겨울이 깊어 새해로 넘어간 때였다.

행사장에 장대 같이 크고 잘 생긴 모습의 중년 신사가 나타나서 "내가 이근풍입니다." 우렁차게 인사를 하였다. 당시 단체의 대표였던 터라, 반갑게 인사를 나누고, 금세 우리들은 형제와 같은 마음이 되어 갔고, 시간이 지날수록 오랜 지기(知己)가 되어 갔다.

전북 임실경찰서 경무과에 근무하고 있던 그는 문학에 대한 열망(熱望)이 넘쳐 났다. 그 뜨거운 가슴을 식히기 위해 그는 자주 서해안 바람을 데리고 나타났다. 서해안으로, 대둔산으로, 계룡산으로, 속리산으로, 천안으로, 해마다 한두 번씩 갖는 행사에서 바람결에 씻긴 해맑은 모습의 그를 만나는 것은 어렵지 않은 일이었다.

그가 행사에 참여하기 위해서는 상상하기도 힘든 여로를 거쳐야 한다. 대천해수욕장에서 개최한 심포지엄의 예를 들어본다. 그는 ①임실에서 전주까지 버스로 나온다. ②전주에서 서대전역까지는 기차를 탄다. ③서대전역에서 다시 시내버스를 타고, 대전서부터미널로 가야하고, ④그 곳에서 충남 보령시까지 직행버스를 타고 간다. ⑤그 곳에서 대천해수욕장행 완행버스를 타야 행사장에 도착한다.

이렇게 하여 공무원 퇴근 시간에 출발한 그는 저녁 어두울 무렵이어서야 도착하게 된다. 요즘과 같이 교통이 발달한 시절의 이야기가 아니다. 지금 생각하면, 그의 열정은 아무도 흉내 낼 수 없는 아득함이 있다. 그 아득함으로 그는 오늘날까지 순수 서정을 살린 작품을 빚으며, 그러한 순정으로 일관하여 존경과 찬사를 받는 것이리라.

2) 내면의 깊이를 찾아서

처음 만날 때의 이근풍 시인은 수필을 통하여 자신의 내면을 밝히고 있었다. 지역 신문에 작품을 발표하고, 경찰과 관련된 신문과 잡지에 많은 수필(수상, 제언)을 발표함으로써 1계급 특진을 한다. 경찰 중에서 글을 씀으로써 1계급 특진을 한 첫 번째라고 하면서, 이에 대한 자부심으로 평생 선비정신으로 일관한다. 1986년에 발간된 『오늘의 문학』 13호에 그의 수필 「보리밭 이랑」「두레」를 발표한다. 이들 작품들에서 이근풍 시인이 지향하는 세계를

조금쯤 엿보게 된다.

〈보리는 오상고절을 자랑하는 국화(菊花)보다도 더 강인한 의지로, 겨울의 추위를 이긴 끈질긴 생명력으로, 인간들에게 인내가 어떠한 것인가를 일깨워준다.〉

— 「보리밭 이랑」 일부

〈우리 선조들은 영농작업 방식에까지 멋과 낭만이 깃들어 있게 할 정도로 멋과 낭만을 알고 즐겼다.〉

— 「두레」 일부

이근풍 시인은 보리밭을 지나면서, 인내하고 살 수밖에 없는 삶의 이치를 터득한 것 같다. 공직에서 평생을 보낸 그의 삶은 이 글에서처럼 참고 견디는 세월의 연속이었으리라. 또한 그는 「두레」를 통하여 서로 합심하며 살아가는 모듬살이의 참모습을 보이기도 한다. 예전의 우리 농촌은 두레를 통하여 삶을 더 아름답게 가꾸었다. 어려운 일을 할 때 마을 사람들이 힘을 모으면 거뜬하게 치를 수 있다. 혼자 사는 노인이나, 남정네가 없는 집의 농사도 두레를 통하여 도와주었으니, 두레야말로 농촌의 소중한 문화유산이라 할 것이다.

이러한 두레가 농촌에서 사라지는 현실을 직면한 그는 실망에 빠진다. 그리하여 현실에서 두레의 진정한 의미를 되살리고 싶어 한다. 〈시대의 변화에 따라 그때의 두레를 되살릴 수는 없다 하더라도, 갈수록 메말라가는 농촌 인심에 소박한 두레의 인심〉을 되살리고 싶다고 소망한다.

이러한 마음이 그를 평생 '민중의 지팡이'로 남게 했을 터이다. 고위직은 아니었지만, 국민들의 곁에서 온갖 고충을 들어주고 해결해 주면서, 보람을 찾았을 터이다. 정년퇴임할 때까지 곁눈 한번 팔지 않고 '민중의 지팡이'로서 성실하게 근무한 그의 삶은 이로 인해 아름다운 뒷모습으로 기억되는 것이리라.

3) 순수 서정을 노래하다

이근풍 시인은 수필을 씀으로써 경찰 1계급 특진의 영예를 안았지만, 수필창작의 길에서 시 창작의 길로 방향을 선회한다. 그 까닭을 들어보면, 그의 순수성이 새롭게 다가선다. 몇 년이 지나서 만난 그는 다음과 같이 밝힌 바 있다. 〈멋도 모르고 수필이라고 많은 글을 발표해왔다. 그러나 이제 와서 생각하니, 수필은 고매한 인격자들이 자신의 내면을 밝히는 글이라는 것을 깨달았다. 생활의 소소함을 수필로 쓰는 것은 독자들에게 미안한 일이다.〉 그 이후로 그는 문학의 길에서 좀 멀어지는 느낌이 들었다.

그래서 그에게 생활의 소소함이라든가, 반짝이는 단상이나 철학을 시에 담아보도록 권유하였다. 그러자, 그는 〈시를 쓰는 일은 아무나 할 수 있는 게 아니지 않는가? 난

감한 일이다.〉라며 주저하였다. 그 대답으로 필자는 〈자신만의 영감(靈感)을 시로 창작하고 발표하여, 그에 공감하는 사람이 한 사람이라도 있으면, 그 작업은 가치로운 것이다. 시를 쓰는 작업도 이와 같다.〉고 설득한 바 있다. 그는 생활 속에서 찾아낸 작은 사물(事物)과 사상(事象)에 대한 단상을 시로 빚어 발표한다. 많은 이야기를 생략하고, 단순한 구조로 표현한다. 꽃의 속성에 자신의 서정을 의탁하여 노래하기도 한다.

꽃은
메마른 가슴에
시를 쓴다.
사랑의 편지를 쓴다.

받는 이의 가슴은
서로 달라도
읽은 후엔
향기로 오래 남는다.

— 「꽃은 1」 전문

그의 시는 대체적으로 길이가 짧다. 많은 이야기를 담으려고 하지 않고 단순한 구조에 순간적 단상이나 반짝이는 기지를 담아내는 것에 만족한다. 그래서 그의 시를 읽을 때 부담스럽지 않다. 그는 자신의 시를 읽는 독자들이 〈이렇게 단순한 일과 단상들도 시가 되는구나.〉라고 깨닫기를 바란다고 밝힌다. 그리하여 많은 사람들이 글쓰기의 두려움에서 벗어나, 자신의 일과 사상을 자유롭게 표현하기를 바란다고 말한다. 그 후로 시작에 열중하여, 『나에게 쓴 편지』『못다한 말』『둘이서 엮는 사연』『아름다운 연꽃 하나』『성수산 까치』『가을 나무로 서서』『기다림 끝에 빚은 사랑』『가슴에 고인 사랑』등을 발간하여 순수 서정을 지키고 있다. 자신의 삶을 비유적으로 노래한다.

가을 햇살 한 줌
거머쥐고
놓지 않으려
바둥대는 사람들.
아무리
꼭 거머쥐어도
어느 사이
빠져나간 햇살.
사람들은
빈주먹만 불끈 쥐고
석양 길에 서 있다.

—「세월 앞에 1」 전문

아직도 시인을 처음 만나던 모습이 떠오르는데, 어느새 세월을 훌쩍 뛰어넘어 고희라는 고개에서 그를 보았고, 이제 희수(喜壽)를 지났으며, 산수(傘壽)를 넘어 미수(米壽)를 향하고 있다. 이런 위치에서 시인은 자신과 이웃들의 삶을 조명한다. 그가 말하는 '가을 햇살'은 물리적인 광

선일 수도 있겠지만, 그것은 인생의 가을에 해당하는 노년기를 상징하기도 한다. 또한 그 햇살은 석양이다. 석양은 비유적 의미도 '가을 햇살'과 동질적이다. 즉 가을 햇살을 놓지 않으려고 아무리 노력하고 욕심을 부리더라도 소용없다고 노래한다.

그러나 「세월 앞에 2」에서는 좀더 직설적으로 자신의 심경을 토로하기도 한다. 〈지난날의 싱그러움/ 오간 데 없고/ 어느덧 세월 앞에/ 언제 질지 모르는/ 가을 잎새로/ 흔들리고 있는/ 자신을 본다〉고 고백한다. 이렇듯이 그의 작품은 단형의 구조에 언뜻 스치는 영감이나 단상을 담아낸다. 이런 형식적 특징이 이근풍 시의 개성이다. 이와 같은 시 형식은 오랜 기간 지속되다가 13번째 시집을 발간하면서부터 약간씩 변화가 일어난다. 변화를 추구하면서도, 그는 아직도 시를 처음 빚을 때의 초심(初心)에 충실하고자 하기 때문이다.

4. 시인의 만수무강을 빌며

이근풍 시인은 단형의 아름다움을 시종일관(始終一貫)하는 것만큼 생활과 인간관계 역시 동일하여, '의리의 돌쇠'라는 별명을 얻는다. 경제적인 부(富)를 쌓아 놓지 않아서 떵떵거리거나 거들먹거리지 않지만, 그는 마음만으로 부자가 된다.

아름다운 순수 서정시를 빚어 여러 문학지에 발표하고, 또한 문학 행사에도 적극적이고 능동적으로 참여하려고 노력한다. 또한 마음이 통하는 소수의 시인이나 작가와 만나 오랜 기간 교유할 뿐만 아니라, 그 분들의 문학적 성취를 돕는다. 이는 창작의 목마름을 먼저 깨닫고, 물 한 잔을 함께 나누려는 배려라 하겠다.

연보라빛 그리움
피어나는 금석맹약

갈수록 그 농도가
한량없이 짙어지네.

한 자락
꿈을 붙잡고
아직까지 어른다.

—「꿈 한 자락」 전문

단시조(短時調)에 담은 의지가 오롯하다. 이는 문학 창작에 대한 자신의 지향일 터이매, 그 각오가 날이 갈수록 짙어진다. 문학 창작의 정점에 이르려는 꿈을 지키며, 아직까지 창작의 초심을 어르고 있다. 이런 깨달음은 진심을 나누는 사람들에 대한 배려로 나타난다. 거짓이나 허식에는 냉담하지만, 순수와 진실에 대해서는 자신을 회생

할 정도로 강한 집념을 보인다.

1991년에 그는 김여화 작가를 동반하고 '오늘의문학' 심포지엄에 참여하였다. 그 이후 김여화 씨는 수필가로 등단하게 되고, 다시 소설가로도 등단하였으며, 훌륭한 작품을 창작하여 여러 상을 받았다. 수필가협회 회원과 소설가협회 회원으로 왕성하게 활동하여, 산문 분야에서는 괄목상대할 정도로 우뚝 선다. 수필집과 소설집을 발간하여 전라북도 및 한국의 서사 문학계를 풍성하게 하고 있다.

2001년에 박준명 서예가와 함께 대전에 본부를 둔 '문학사랑' 사무실을 방문하였다. 박준명 선생은 원광대학교 법학과를 졸업하고, 평생을 공무원으로 지낸 분이다. 전북공무원 교육원장을 지내고, 진안 옥구 부안 완주 군수를 지낸 분이다. 전북 지역경제국장을 지내고, 전주 부시장으로 정년퇴임한 분이다. 공무원으로 재직할 때 익힌 서예는 전국적으로 인정받는 수준이고, 또한 삶과 사색을 글로 옮긴 수필집을 여러 권 발간하여 수필문학계의 큰 별로 자리매김한 분이기도 하다. 또한 우리 민족의 영원한 시가(詩歌) 형식인 시조에 매료되어 시조집 『구멍 없는 피리 소리』 『심월』 『여울목』 등 한국 시조 창작에 새로운 깃발을 세운 분이기도 하다.

이근풍 시인은 괴롭고 외로운 '문학 창작의 길'에 다정한 이웃이기를 자임한다. 이처럼 길벗이 되어 함께 가는 길, 즉 예술 창작의 순례는 더 이상 외롭기만 한 것은 아닐 터이다. 세상의 아름다움을 함께 노래하고, 서정의 샘물을 함께 나누어 마시며, 창작의 고통을 서로 나누며 가는 길은 다른 사람들이 누릴 수 없는 행복이다.

시인은 앞으로도 이러한 행복을 나누기 위하여 순정을 지키리라 확신한다. 이근풍 시인이 이미 고희(古稀, 70세)와 희수(喜壽, 77세)를 넘기셨으니, 미수(米壽, 88세)와 백수(白壽, 99세)에 이르기까지 건강하시기를 축원하며, 작품 감상을 맺는다.

세월의 물줄기 따라

이근풍 시조집

발 행 일 | 2018년 3월 5일
지 은 이 | 이근풍
발 행 인 | 李憲錫
발 행 처 | 오늘의문학사
출판등록 | 제55호(1993년 6월 23일)
주 소 | 대전광역시 동구 대전로 867번길 52(한밭오피스텔 401호)
전화번호 | (042)624-2980
팩시밀리 | (042)628-2983
전자우편 | hs2980@hanmail.net
카 페 | cafe.daum.net/gljang(문학사랑 글짱들)
cafe.daum.net/art-i-ma(아트매거진)

공 급 처 | 한국출판협동조합
주문전화 | (070)7119-1752
팩시밀리 | (031)944-8234~6

ISBN 978-89-5669-898-4
값 9,000원